this planner
belongs to

_____

_____

MONTH AT A *glance*

MONDAY	TUESDAY	WEDNESDAY	THURSDAY	FRIDAY	SATURDAY	SUNDAY

CLASS SCHEDULE

REMINDERS

MONTH AT A *glance*

MONDAY	TUESDAY	WEDNESDAY	THURSDAY	FRIDAY	SATURDAY	SUNDAY

CLASS SCHEDULE   REMINDERS

_____   _____ ☐

_____   _____ ☐

_____   _____ ☐

_____   _____ ☐

_____   _____ ☐

_____   _____ ☐

MONTH AT A *glance*

MONDAY	TUESDAY	WEDNESDAY	THURSDAY	FRIDAY	SATURDAY	SUNDAY

CLASS SCHEDULE

REMINDERS

MONTH AT A *glance*

MONDAY	TUESDAY	WEDNESDAY	THURSDAY	FRIDAY	SATURDAY	SUNDAY

CLASS SCHEDULE

_____

_____

_____

_____

_____

REMINDERS

_____ ☐

_____ ☐

_____ ☐

_____ ☐

_____ ☐

_____ ☐

MONTH AT A *glance*

MONDAY	TUESDAY	WEDNESDAY	THURSDAY	FRIDAY	SATURDAY	SUNDAY

C L A S S   S C H E D U L E   R E M I N D E R S

MONTH AT A *glance*

MONDAY	TUESDAY	WEDNESDAY	THURSDAY	FRIDAY	SATURDAY	SUNDAY

CLASS SCHEDULE   REMINDERS

_____   _____ ☐

_____   _____ ☐

_____   _____ ☐

_____   _____ ☐

_____   _____ ☐

_____   _____ ☐

MONTH AT A *glance*

MONDAY	TUESDAY	WEDNESDAY	THURSDAY	FRIDAY	SATURDAY	SUNDAY

CLASS SCHEDULE

_____

_____

_____

_____

_____

_____

REMINDERS

_____ ☐

_____ ☐

_____ ☐

_____ ☐

_____ ☐

_____ ☐

MONTH AT A *glance*

MONDAY	TUESDAY	WEDNESDAY	THURSDAY	FRIDAY	SATURDAY	SUNDAY

CLASS SCHEDULE

_____

_____

_____

_____

_____

REMINDERS

_____

_____

_____

_____

_____

MONTH AT A *glance*

MONDAY	TUESDAY	WEDNESDAY	THURSDAY	FRIDAY	SATURDAY	SUNDAY

CLASS SCHEDULE

_____
_____
_____
_____
_____
_____

REMINDERS

_____ ☐
_____ ☐
_____ ☐
_____ ☐
_____ ☐
_____ ☐

MONTH AT A *glance*

MONDAY	TUESDAY	WEDNESDAY	THURSDAY	FRIDAY	SATURDAY	SUNDAY

CLASS SCHEDULE   REMINDERS

MONTH AT A *glance*

MONDAY	TUESDAY	WEDNESDAY	THURSDAY	FRIDAY	SATURDAY	SUNDAY

CLASS SCHEDULE   REMINDERS

MONTH AT A *glance*

MONDAY	TUESDAY	WEDNESDAY	THURSDAY	FRIDAY	SATURDAY	SUNDAY

CLASS SCHEDULE

REMINDERS

ASSIGNMENT DUE DATES

COURSE	ASSIGNMENT	DUE DATE	✓

ASSIGNMENT DUE DATES

COURSE	ASSIGNMENT	DUE DATE	✓

ASSIGNMENT DUE DATES

COURSE	ASSIGNMENT	DUE DATE	✓

ASSIGNMENT DUE DATES

COURSE	ASSIGNMENT	DUE DATE	✓

ASSIGNMENT DUE DATES

COURSE	ASSIGNMENT	DUE DATE	✓

ASSIGNMENT DUE DATES

COURSE	ASSIGNMENT	DUE DATE	✓

PROJECT *planner*

COURSE: _____ DUE DATE: _____

PROJECT TITLE: _____

PROJECT DESCRIPTION

TO DO | TASK LIST

☐
☐
☐
☐
☐
☐
☐
☐
☐
☐
☐
☐
☐
☐
☐
☐

SUPPLIES

NOTES

PROJECT STATUS ☐ 25% ☐ 50% ☐ 75% ☐ COMPLETED ☐ SUBMITTED

PROJECT *planner*

COURSE: _____ DUE DATE: _____

PROJECT TITLE: _____

PROJECT DESCRIPTION

TO DO | TASK LIST

_____ ☐

_____ ☐

_____ ☐

_____ ☐

_____ ☐

_____ ☐

_____ ☐

_____ ☐

_____ ☐

_____ ☐

_____ ☐

_____ ☐

_____ ☐

_____ ☐

_____ ☐

_____ ☐

_____ ☐

SUPPLIES

_____

_____

_____

_____

_____

_____

_____

NOTES

PROJECT STATUS ☐ 25% ☐ 50% ☐ 75% ☐ COMPLETED ☐ SUBMITTED

PROJECT *planner*

COURSE: _____ DUE DATE: _____

PROJECT TITLE: _____

PROJECT DESCRIPTION

TO DO | TASK LIST

_____ ☐
_____ ☐
_____ ☐
_____ ☐
_____ ☐
_____ ☐
_____ ☐
_____ ☐
_____ ☐
_____ ☐
_____ ☐
_____ ☐
_____ ☐
_____ ☐
_____ ☐
_____ ☐
_____ ☐
_____ ☐
_____ ☐
_____ ☐

SUPPLIES

_____
_____
_____
_____
_____
_____
_____
_____

NOTES

PROJECT STATUS   ☐ 25%   ☐ 50%   ☐ 75%   ☐ COMPLETED   ☐ SUBMITTED

PROJECT *planner*

COURSE: _____ DUE DATE: _____

PROJECT TITLE: _____

PROJECT DESCRIPTION

TO DO | TASK LIST

_____ ☐
_____ ☐
_____ ☐
_____ ☐
_____ ☐
_____ ☐
_____ ☐
_____ ☐
_____ ☐
_____ ☐
_____ ☐
_____ ☐
_____ ☐
_____ ☐
_____ ☐
_____ ☐
_____ ☐

SUPPLIES

_____
_____
_____
_____
_____
_____

NOTES

PROJECT STATUS ☐ 25% ☐ 50% ☐ 75% ☐ COMPLETED ☐ SUBMITTED

PROJECT *planner*

COURSE: _____   DUE DATE: _____

PROJECT TITLE: _____

PROJECT DESCRIPTION

TO DO | TASK LIST

☐
_____
_____
☐
_____
☐
_____
☐
_____
☐
_____
☐
_____
☐
_____
☐
_____
☐
_____
☐
_____
☐
_____
☐
_____
☐
_____
☐
_____
☐
_____
☐
_____
☐
_____
☐
_____
☐
_____
☐

SUPPLIES

_____
_____
_____
_____
_____
_____
_____

NOTES

PROJECT STATUS   ☐ 25%   ☐ 50%   ☐ 75%   ☐ COMPLETED   ☐ SUBMITTED

PROJECT *planner*

COURSE: _____ DUE DATE: _____

PROJECT TITLE: _____

PROJECT DESCRIPTION

TO DO | TASK LIST

_____ ☐
_____ ☐
_____ ☐
_____ ☐
_____ ☐
_____ ☐
_____ ☐
_____ ☐
_____ ☐
_____ ☐
_____ ☐
_____ ☐
_____ ☐
_____ ☐
_____ ☐
_____ ☐
_____ ☐

SUPPLIES

_____
_____
_____
_____
_____
_____

NOTES

PROJECT STATUS ☐ 25% ☐ 50% ☐ 75% ☐ COMPLETED ☐ SUBMITTED

PROJECT *planner*

COURSE: _____   DUE DATE: _____

PROJECT TITLE: _____

PROJECT DESCRIPTION

TO DO | TASK LIST

_____ ☐
_____ ☐
_____ ☐
_____ ☐
_____ ☐
_____ ☐
_____ ☐
_____ ☐
_____ ☐
_____ ☐
_____ ☐
_____ ☐
_____ ☐
_____ ☐
_____ ☐
_____ ☐
_____ ☐
_____ ☐

SUPPLIES

_____
_____
_____
_____
_____
_____

NOTES

PROJECT STATUS   ☐ 25%   ☐ 50%   ☐ 75%   ☐ COMPLETED   ☐ SUBMITTED

PROJECT *planner*

COURSE: _____ DUE DATE: _____

PROJECT TITLE: _____

PROJECT DESCRIPTION

TO DO | TASK LIST

_____ ☐
_____ ☐
_____ ☐
_____ ☐
_____ ☐
_____ ☐
_____ ☐
_____ ☐
_____ ☐
_____ ☐
_____ ☐
_____ ☐
_____ ☐
_____ ☐
_____ ☐
_____ ☐
_____ ☐
_____ ☐

SUPPLIES

_____
_____
_____
_____
_____
_____
_____

NOTES

PROJECT STATUS ☐ 25% ☐ 50% ☐ 75% ☐ COMPLETED ☐ SUBMITTED

PROJECT *planner*

COURSE: _____ DUE DATE: _____

PROJECT TITLE: _____

PROJECT DESCRIPTION

TO DO | TASK LIST

_____
_____
_____
_____
_____
_____
_____
_____
_____
_____
_____
_____
_____
_____
_____
_____
_____
_____

SUPPLIES

_____
_____
_____
_____
_____

NOTES

PROJECT STATUS ☐ 25% ☐ 50% ☐ 75% ☐ COMPLETED ☐ SUBMITTED

PROJECT *planner*

COURSE: _____ DUE DATE: _____

PROJECT TITLE: _____

PROJECT DESCRIPTION

TO DO | TASK LIST

_____ ☐
_____ ☐
_____ ☐
_____ ☐
_____ ☐
_____ ☐
_____ ☐
_____ ☐
_____ ☐
_____ ☐
_____ ☐
_____ ☐
_____ ☐
_____ ☐
_____ ☐
_____ ☐
_____ ☐
_____ ☐
_____

SUPPLIES

_____
_____
_____
_____
_____
_____

NOTES

PROJECT STATUS ☐ 25% ☐ 50% ☐ 75% ☐ COMPLETED ☐ SUBMITTED

M T W T F S S # STUDY *planner* DATE _____

STUDY HOURS

GOALS _____ HRS _____ MIN

ACTUAL _____ HRS _____ MIN

TIME TABLE

Time	
5:00 AM	
6:00 AM	
7:00 AM	
8:00 AM	
9:00 AM	
10:00 AM	
11:00 AM	
12:00 PM	
1:00 PM	
2:00 PM	
3:00 PM	
4:00 PM	
5:00 PM	
6:00 PM	
7:00 PM	
8:00 PM	
9:00 PM	
10:00 PM	
11:00 PM	
12:00 AM	

0   **F O C U S   B A R**   100

COURSES TO STUDY

☐
☐
☐

TOPICS | CHAPTERS

1. _____
2. _____
3. _____
4. _____
5. _____

STUDY PLAN

■ DONE   ◪ IN PROGRESS   > MOVE

M T W T F S S　　# STUDY *planner*　　DATE _____

STUDY HOURS

GOALS _____ HRS _____ MIN

ACTUAL _____ HRS _____ MIN

TIME TABLE

5:00 AM	
6:00 AM	
7:00 AM	
8:00 AM	
9:00 AM	
10:00 AM	
11:00 AM	
12:00 PM	
1:00 PM	
2:00 PM	
3:00 PM	
4:00 PM	
5:00 PM	
6:00 PM	
7:00 PM	
8:00 PM	
9:00 PM	
10:00 PM	
11:00 PM	
12:00 AM	

0　**F O C U S   B A R**　100

COURSES TO STUDY

☐
☐
☐

TOPICS | CHAPTERS

1. _____
2. _____
3. _____
4. _____
5. _____

STUDY PLAN

■ DONE　　◪ IN PROGRESS　　▷ MOVE

☐
☐
☐
☐
☐
☐
☐
☐
☐
☐
☐
☐
☐

M T W T F S S   # STUDY *planner*   DATE _____

S T U D Y H O U R S

GOALS _____ HRS _____ MIN

ACTUAL _____ HRS _____ MIN

T I M E T A B L E

5:00 AM	
6:00 AM	
7:00 AM	
8:00 AM	
9:00 AM	
10:00 AM	
11:00 AM	
12:00 PM	
1:00 PM	
2:00 PM	
3:00 PM	
4:00 PM	
5:00 PM	
6:00 PM	
7:00 PM	
8:00 PM	
9:00 PM	
10:00 PM	
11:00 PM	
12:00 AM	

0   **F O C U S B A R**   100

C O U R S E S T O S T U D Y

☐
☐
☐

T O P I C S | C H A P T E R S

1. _____
2. _____
3. _____
4. _____
5. _____

S T U D Y P L A N

■ DONE   ◪ IN PROGRESS   > MOVE

☐
☐
☐
☐
☐
☐
☐
☐
☐
☐
☐

STUDY *planner*

S T U D Y   H O U R S

G O A L S _____ HRS _____ MIN

A C T U A L _____ HRS _____ MIN

T I M E   T A B L E

5:00 AM	
6:00 AM	
7:00 AM	
8:00 AM	
9:00 AM	
10:00 AM	
11:00 AM	
12:00 PM	
1:00 PM	
2:00 PM	
3:00 PM	
4:00 PM	
5:00 PM	
6:00 PM	
7:00 PM	
8:00 PM	
9:00 PM	
10:00 PM	
11:00 PM	
12:00 AM	

0   **F O C U S   B A R**   100

C O U R S E S   T O   S T U D Y

☐
☐
☐

T O P I C S | C H A P T E R S

1. _____
2. _____
3. _____
4. _____
5. _____

S T U D Y   P L A N

■ DONE   ◨ IN PROGRESS   > MOVE

M T W T F S S   # STUDY *planner*   DATE _____

S T U D Y   H O U R S

G O A L S _____ HRS _____ MIN

A C T U A L _____ HRS _____ MIN

T I M E   T A B L E

Time	
5:00 AM	
6:00 AM	
7:00 AM	
8:00 AM	
9:00 AM	
10:00 AM	
11:00 AM	
12:00 PM	
1:00 PM	
2:00 PM	
3:00 PM	
4:00 PM	
5:00 PM	
6:00 PM	
7:00 PM	
8:00 PM	
9:00 PM	
10:00 PM	
11:00 PM	
12:00 AM	

0   **F O C U S   B A R**   100

C O U R S E S   T O   S T U D Y

☐
☐
☐

T O P I C S | C H A P T E R S

1. _____
2. _____
3. _____
4. _____
5. _____

S T U D Y   P L A N

■ DONE   ◪ IN PROGRESS   > MOVE

☐
☐
☐
☐
☐
☐
☐
☐
☐
☐
☐
☐

STUDY *planner*

DATE _____

STUDY HOURS

G O A L S _____ **HRS** _____ **MIN**

A C T U A L _____ **HRS** _____ **MIN**

TIME TABLE

Time	
5:00 AM	
6:00 AM	
7:00 AM	
8:00 AM	
9:00 AM	
10:00 AM	
11:00 AM	
12:00 PM	
1:00 PM	
2:00 PM	
3:00 PM	
4:00 PM	
5:00 PM	
6:00 PM	
7:00 PM	
8:00 PM	
9:00 PM	
10:00 PM	
11:00 PM	
12:00 AM	

0 **F O C U S   B A R** **100**

COURSES TO STUDY

☐
☐
☐

TOPICS | CHAPTERS

1. _____
2. _____
3. _____
4. _____
5. _____

STUDY PLAN

■ DONE	◩ IN PROGRESS	▷ MOVE

☐
☐
☐
☐
☐
☐
☐
☐
☐
☐
☐
☐
☐
☐

M T W T F S S # STUDY *planner*

S T U D Y   H O U R S

G O A L S _____ HRS _____ MIN

A C T U A L _____ HRS _____ MIN

─────────────────────────

T I M E   T A B L E

5:00 AM	
6:00 AM	
7:00 AM	
8:00 AM	
9:00 AM	
10:00 AM	
11:00 AM	
12:00 PM	
1:00 PM	
2:00 PM	
3:00 PM	
4:00 PM	
5:00 PM	
6:00 PM	
7:00 PM	
8:00 PM	
9:00 PM	
10:00 PM	
11:00 PM	
12:00 AM	

0   F O C U S   B A R   100

C O U R S E S   T O   S T U D Y

☐
☐
☐

T O P I C S | C H A P T E R S

1. _____
2. _____
3. _____
4. _____
5. _____

─────────────────────────

S T U D Y   P L A N

■ DONE   ◨ IN PROGRESS   > MOVE

☐
☐
☐
☐
☐
☐
☐
☐
☐
☐
☐
☐

STUDY *planner*

S T U D Y   H O U R S

G O A L S _____ **HRS** _____ **MIN**

A C T U A L _____ **HRS** _____ **MIN**

T I M E   T A B L E

5:00 AM	
6:00 AM	
7:00 AM	
8:00 AM	
9:00 AM	
10:00 AM	
11:00 AM	
12:00 PM	
1:00 PM	
2:00 PM	
3:00 PM	
4:00 PM	
5:00 PM	
6:00 PM	
7:00 PM	
8:00 PM	
9:00 PM	
10:00 PM	
11:00 PM	
12:00 AM	

0   F O C U S   B A R   100

C O U R S E S   T O   S T U D Y

_____ ☐

_____ ☐

_____ ☐

T O P I C S | C H A P T E R S

1. _____

2. _____

3. _____

4. _____

5. _____

S T U D Y   P L A N

■ DONE	◩ IN PROGRESS	▷ MOVE

_____ ☐

_____ ☐

_____ ☐

_____ ☐

_____ ☐

_____ ☐

_____ ☐

_____ ☐

_____ ☐

_____ ☐

_____ ☐

M T W T F S S   # STUDY *planner*   DATE _____

STUDY HOURS

GOALS _____ HRS _____ MIN

ACTUAL _____ HRS _____ MIN

TIME TABLE

Time	
5:00 AM	
6:00 AM	
7:00 AM	
8:00 AM	
9:00 AM	
10:00 AM	
11:00 AM	
12:00 PM	
1:00 PM	
2:00 PM	
3:00 PM	
4:00 PM	
5:00 PM	
6:00 PM	
7:00 PM	
8:00 PM	
9:00 PM	
10:00 PM	
11:00 PM	
12:00 AM	

0   **F O C U S B A R**   100

COURSES TO STUDY

☐
☐
☐

TOPICS | CHAPTERS

1. _____
2. _____
3. _____
4. _____
5. _____

STUDY PLAN

■ DONE	◨ IN PROGRESS	> MOVE

☐
☐
☐
☐
☐
☐
☐
☐
☐
☐
☐

STUDY *planner* DATE _____

S T U D Y   H O U R S

GOALS _____ HRS _____ MIN

ACTUAL _____ HRS _____ MIN

T I M E   T A B L E

5:00 AM	
6:00 AM	
7:00 AM	
8:00 AM	
9:00 AM	
10:00 AM	
11:00 AM	
12:00 PM	
1:00 PM	
2:00 PM	
3:00 PM	
4:00 PM	
5:00 PM	
6:00 PM	
7:00 PM	
8:00 PM	
9:00 PM	
10:00 PM	
11:00 PM	
12:00 AM	

0   **F O C U S   B A R**   100

C O U R S E S   T O   S T U D Y

☐
☐
☐

T O P I C S | C H A P T E R S

1. _____
2. _____
3. _____
4. _____
5. _____

S T U D Y   P L A N

■ DONE   ◨ IN PROGRESS   ▷ MOVE

M T W T F S S

STUDY *planner*

DATE _____

STUDY HOURS

GOALS _____ HRS _____ MIN

ACTUAL _____ HRS _____ MIN

COURSES TO STUDY

_____ ☐

_____ ☐

_____ ☐

TOPICS | CHAPTERS

1. _____

2. _____

3. _____

4. _____

5. _____

TIME TABLE

Time	
5:00 AM	
6:00 AM	
7:00 AM	
8:00 AM	
9:00 AM	
10:00 AM	
11:00 AM	
12:00 PM	
1:00 PM	
2:00 PM	
3:00 PM	
4:00 PM	
5:00 PM	
6:00 PM	
7:00 PM	
8:00 PM	
9:00 PM	
10:00 PM	
11:00 PM	
12:00 AM	

STUDY PLAN

■ DONE　◧ IN PROGRESS　▷ MOVE

_____ ☐

_____ ☐

_____ ☐

_____ ☐

_____ ☐

_____ ☐

_____ ☐

_____ ☐

_____ ☐

_____ ☐

_____ ☐

_____ ☐

_____ ☐

0　FOCUS BAR　100

M T W T F S S   # STUDY *planner*   DATE _____

STUDY HOURS

GOALS _____ HRS _____ MIN

ACTUAL _____ HRS _____ MIN

TIME TABLE

5:00 AM	
6:00 AM	
7:00 AM	
8:00 AM	
9:00 AM	
10:00 AM	
11:00 AM	
12:00 PM	
1:00 PM	
2:00 PM	
3:00 PM	
4:00 PM	
5:00 PM	
6:00 PM	
7:00 PM	
8:00 PM	
9:00 PM	
10:00 PM	
11:00 PM	
12:00 AM	

0	**FOCUS BAR**	100

COURSES TO STUDY

☐ _____
☐ _____
☐ _____

TOPICS | CHAPTERS

1. _____
2. _____
3. _____
4. _____
5. _____

STUDY PLAN

■ DONE   ◪ IN PROGRESS   ▷ MOVE

_____ ☐
_____ ☐
_____ ☐
_____ ☐
_____ ☐
_____ ☐
_____ ☐
_____ ☐
_____ ☐
_____ ☐
_____ ☐
_____ ☐
_____ ☐

M T W T F S S

STUDY *planner*

DATE _____

STUDY HOURS

GOALS _____ HRS _____ MIN

ACTUAL _____ HRS _____ MIN

TIME TABLE

5:00 AM	
6:00 AM	
7:00 AM	
8:00 AM	
9:00 AM	
10:00 AM	
11:00 AM	
12:00 PM	
1:00 PM	
2:00 PM	
3:00 PM	
4:00 PM	
5:00 PM	
6:00 PM	
7:00 PM	
8:00 PM	
9:00 PM	
10:00 PM	
11:00 PM	
12:00 AM	

COURSES TO STUDY

_____ ☐

_____ ☐

_____ ☐

TOPICS | CHAPTERS

1. _____

2. _____

3. _____

4. _____

5. _____

STUDY PLAN

■ DONE	◪ IN PROGRESS	▷ MOVE

_____ ☐

_____ ☐

_____ ☐

_____ ☐

_____ ☐

_____ ☐

_____ ☐

_____ ☐

_____ ☐

_____ ☐

_____ ☐

_____ ☐

FOCUS BAR

0   **F O C U S   B A R**   100

/ / / / / / / /

M T W T F S S   # STUDY *planner*   DATE _____

STUDY HOURS

GOALS _____ HRS _____ MIN

ACTUAL _____ HRS _____ MIN

TIME TABLE

Time	
5:00 AM	
6:00 AM	
7:00 AM	
8:00 AM	
9:00 AM	
10:00 AM	
11:00 AM	
12:00 PM	
1:00 PM	
2:00 PM	
3:00 PM	
4:00 PM	
5:00 PM	
6:00 PM	
7:00 PM	
8:00 PM	
9:00 PM	
10:00 PM	
11:00 PM	
12:00 AM	

0   **F O C U S   B A R**   100

COURSES TO STUDY

☐
☐
☐

TOPICS | CHAPTERS

1. _____
2. _____
3. _____
4. _____
5. _____

STUDY PLAN

■ DONE   ◨ IN PROGRESS   > MOVE

M T W T F S S

STUDY *planner*

DATE _____

STUDY HOURS

GOALS _____ HRS _____ MIN

ACTUAL _____ HRS _____ MIN

_____

TIME TABLE

Time	
5:00 AM	
6:00 AM	
7:00 AM	
8:00 AM	
9:00 AM	
10:00 AM	
11:00 AM	
12:00 PM	
1:00 PM	
2:00 PM	
3:00 PM	
4:00 PM	
5:00 PM	
6:00 PM	
7:00 PM	
8:00 PM	
9:00 PM	
10:00 PM	
11:00 PM	
12:00 AM	

FOCUS BAR

0 _____ 100

COURSES TO STUDY

_____ ☐

_____ ☐

_____ ☐

TOPICS | CHAPTERS

1. _____

2. _____

3. _____

4. _____

5. _____

STUDY PLAN

■ DONE   ◪ IN PROGRESS   ▷ MOVE

_____ ☐

_____ ☐

_____ ☐

_____ ☐

_____ ☐

_____ ☐

_____ ☐

_____ ☐

_____ ☐

_____ ☐

_____ ☐

_____ ☐

STUDY *planner*

STUDY HOURS

GOALS _____ HRS _____ MIN

ACTUAL _____ HRS _____ MIN

TIME TABLE

5:00 AM	
6:00 AM	
7:00 AM	
8:00 AM	
9:00 AM	
10:00 AM	
11:00 AM	
12:00 PM	
1:00 PM	
2:00 PM	
3:00 PM	
4:00 PM	
5:00 PM	
6:00 PM	
7:00 PM	
8:00 PM	
9:00 PM	
10:00 PM	
11:00 PM	
12:00 AM	

0 **FOCUS BAR** 100

COURSES TO STUDY

☐ _____
☐ _____
☐ _____

TOPICS | CHAPTERS

1. _____
2. _____
3. _____
4. _____
5. _____

STUDY PLAN

■ DONE ◨ IN PROGRESS ▷ MOVE

☐ _____
☐ _____
☐ _____
☐ _____
☐ _____
☐ _____
☐ _____
☐ _____
☐ _____
☐ _____
☐ _____
☐ _____

M T W T F S S

STUDY *planner*

DATE _____

S T U D Y   H O U R S

G O A L S _____ HRS _____ MIN

A C T U A L _____ HRS _____ MIN

T I M E   T A B L E

5:00 AM	
6:00 AM	
7:00 AM	
8:00 AM	
9:00 AM	
10:00 AM	
11:00 AM	
12:00 PM	
1:00 PM	
2:00 PM	
3:00 PM	
4:00 PM	
5:00 PM	
6:00 PM	
7:00 PM	
8:00 PM	
9:00 PM	
10:00 PM	
11:00 PM	
12:00 AM	

0   **F O C U S   B A R**   100

C O U R S E S   T O   S T U D Y

☐

☐

☐

T O P I C S | C H A P T E R S

1. _____
2. _____
3. _____
4. _____
5. _____

S T U D Y   P L A N

■ DONE	◨ IN PROGRESS	> MOVE

☐
☐
☐
☐
☐
☐
☐
☐
☐
☐
☐

M T W T F S S **STUDY** *planner* DATE _____

STUDY HOURS

G O A L S _____ HRS _____ MIN

A C T U A L _____ HRS _____ MIN

TIME TABLE

5:00 AM	
6:00 AM	
7:00 AM	
8:00 AM	
9:00 AM	
10:00 AM	
11:00 AM	
12:00 PM	
1:00 PM	
2:00 PM	
3:00 PM	
4:00 PM	
5:00 PM	
6:00 PM	
7:00 PM	
8:00 PM	
9:00 PM	
10:00 PM	
11:00 PM	
12:00 AM	

0 **F O C U S B A R** 100

COURSES TO STUDY

☐
☐
☐

TOPICS | CHAPTERS

1. _____
2. _____
3. _____
4. _____
5. _____

STUDY PLAN

■ DONE   ◨ IN PROGRESS   > MOVE

M T W T F S S

STUDY *planner*

DATE _____

S T U D Y   H O U R S

GOALS _____ HRS _____ MIN

ACTUAL _____ HRS _____ MIN

T I M E   T A B L E

5:00 AM	
6:00 AM	
7:00 AM	
8:00 AM	
9:00 AM	
10:00 AM	
11:00 AM	
12:00 PM	
1:00 PM	
2:00 PM	
3:00 PM	
4:00 PM	
5:00 PM	
6:00 PM	
7:00 PM	
8:00 PM	
9:00 PM	
10:00 PM	
11:00 PM	
12:00 AM	

0   F O C U S   B A R   100

C O U R S E S   T O   S T U D Y

☐
☐
☐

T O P I C S | C H A P T E R S

1. _____
2. _____
3. _____
4. _____
5. _____

S T U D Y   P L A N

■ DONE	◨ IN PROGRESS	> MOVE

☐
☐
☐
☐
☐
☐
☐
☐
☐
☐
☐

M T W T F S S　　**STUDY** *planner*　　DATE _____

STUDY HOURS

G O A L S _____ HRS _____ MIN

A C T U A L _____ HRS _____ MIN

TIME TABLE

5:00 AM	
6:00 AM	
7:00 AM	
8:00 AM	
9:00 AM	
10:00 AM	
11:00 AM	
12:00 PM	
1:00 PM	
2:00 PM	
3:00 PM	
4:00 PM	
5:00 PM	
6:00 PM	
7:00 PM	
8:00 PM	
9:00 PM	
10:00 PM	
11:00 PM	
12:00 AM	

0　**F O C U S   B A R**　100

COURSES TO STUDY

☐ _____

☐ _____

☐ _____

TOPICS | CHAPTERS

1. _____

2. _____

3. _____

4. _____

5. _____

STUDY PLAN

■ DONE　◨ IN PROGRESS　▷ MOVE

☐ _____

☐ _____

☐ _____

☐ _____

☐ _____

☐ _____

☐ _____

☐ _____

☐ _____

☐ _____

☐ _____

☐ _____

☐ _____

M T W T F S S

STUDY *planner*

DATE _____

S T U D Y   H O U R S

G O A L S _____ **HRS** _____ **MIN**

A C T U A L _____ **HRS** _____ **MIN**

T I M E   T A B L E

5:00 AM	
6:00 AM	
7:00 AM	
8:00 AM	
9:00 AM	
10:00 AM	
11:00 AM	
12:00 PM	
1:00 PM	
2:00 PM	
3:00 PM	
4:00 PM	
5:00 PM	
6:00 PM	
7:00 PM	
8:00 PM	
9:00 PM	
10:00 PM	
11:00 PM	
12:00 AM	

0   **F O C U S   B A R**   **100**

C O U R S E S   T O   S T U D Y

_____ ☐

_____ ☐

_____ ☐

T O P I C S | C H A P T E R S

1. _____

2. _____

3. _____

4. _____

5. _____

S T U D Y   P L A N

■ DONE	◨ IN PROGRESS	> MOVE

M T W T F S S **STUDY** *planner* DATE _____

STUDY HOURS

G O A L S _____ **HRS** _____ **MIN**

A C T U A L _____ **HRS** _____ **MIN**

TIME TABLE

5:00 AM	
6:00 AM	
7:00 AM	
8:00 AM	
9:00 AM	
10:00 AM	
11:00 AM	
12:00 PM	
1:00 PM	
2:00 PM	
3:00 PM	
4:00 PM	
5:00 PM	
6:00 PM	
7:00 PM	
8:00 PM	
9:00 PM	
10:00 PM	
11:00 PM	
12:00 AM	

0 **F O C U S   B A R** **100**

COURSES TO STUDY

☐
☐
☐

TOPICS | CHAPTERS

1. _____
2. _____
3. _____
4. _____
5. _____

STUDY PLAN

■ DONE	◨ IN PROGRESS	> MOVE

☐
☐
☐
☐
☐
☐
☐
☐
☐
☐
☐
☐

M T W T F S S

STUDY *planner*

DATE _____

STUDY HOURS

GOALS _____ HRS _____ MIN

ACTUAL _____ HRS _____ MIN

TIME TABLE

Time	
5:00 AM	
6:00 AM	
7:00 AM	
8:00 AM	
9:00 AM	
10:00 AM	
11:00 AM	
12:00 PM	
1:00 PM	
2:00 PM	
3:00 PM	
4:00 PM	
5:00 PM	
6:00 PM	
7:00 PM	
8:00 PM	
9:00 PM	
10:00 PM	
11:00 PM	
12:00 AM	

0 **FOCUS BAR** 100

COURSES TO STUDY

☐
☐
☐

TOPICS | CHAPTERS

1. _____
2. _____
3. _____
4. _____
5. _____

STUDY PLAN

■ DONE	◪ IN PROGRESS	> MOVE

☐
☐
☐
☐
☐
☐
☐
☐
☐
☐
☐
☐

M T W T F S S   # STUDY *planner*   DATE _____

STUDY HOURS

GOALS _____ **HRS** _____ **MIN**

ACTUAL _____ **HRS** _____ **MIN**

TIME TABLE

5:00 AM	
6:00 AM	
7:00 AM	
8:00 AM	
9:00 AM	
10:00 AM	
11:00 AM	
12:00 PM	
1:00 PM	
2:00 PM	
3:00 PM	
4:00 PM	
5:00 PM	
6:00 PM	
7:00 PM	
8:00 PM	
9:00 PM	
10:00 PM	
11:00 PM	
12:00 AM	

0   **FOCUS BAR**   100

COURSES TO STUDY

☐
☐
☐

TOPICS | CHAPTERS

1. _____
2. _____
3. _____
4. _____
5. _____

STUDY PLAN

■ **DONE**   ◪ **IN PROGRESS**   ▷ **MOVE**

☐
☐
☐
☐
☐
☐
☐
☐
☐
☐
☐

M T W T F S S
STUDY *planner*
DATE _____

STUDY HOURS

GOALS _____ HRS _____ MIN

ACTUAL _____ HRS _____ MIN

TIME TABLE

5:00 AM	
6:00 AM	
7:00 AM	
8:00 AM	
9:00 AM	
10:00 AM	
11:00 AM	
12:00 PM	
1:00 PM	
2:00 PM	
3:00 PM	
4:00 PM	
5:00 PM	
6:00 PM	
7:00 PM	
8:00 PM	
9:00 PM	
10:00 PM	
11:00 PM	
12:00 AM	

0   FOCUS BAR   100

COURSES TO STUDY

☐
☐
☐

TOPICS | CHAPTERS

1. _____
2. _____
3. _____
4. _____
5. _____

STUDY PLAN

■ DONE   ◪ IN PROGRESS   ▷ MOVE

☐
☐
☐
☐
☐
☐
☐
☐
☐
☐
☐
☐

STUDY *planner*

STUDY HOURS

GOALS _____ **HRS** _____ **MIN**

ACTUAL _____ **HRS** _____ **MIN**

TIME TABLE

5:00 AM	
6:00 AM	
7:00 AM	
8:00 AM	
9:00 AM	
10:00 AM	
11:00 AM	
12:00 PM	
1:00 PM	
2:00 PM	
3:00 PM	
4:00 PM	
5:00 PM	
6:00 PM	
7:00 PM	
8:00 PM	
9:00 PM	
10:00 PM	
11:00 PM	
12:00 AM	

0   F O C U S   B A R   100

COURSES TO STUDY

_____ ☐

_____ ☐

_____ ☐

_____

TOPICS | CHAPTERS

1. _____

2. _____

3. _____

4. _____

5. _____

STUDY PLAN

■ DONE   ◪ IN PROGRESS   > MOVE

_____ ☐

_____ ☐

_____ ☐

_____ ☐

_____ ☐

_____ ☐

_____ ☐

_____ ☐

_____ ☐

_____ ☐

_____ ☐

M T W T F S S

STUDY *planner*

DATE _____

STUDY HOURS

GOALS _____ HRS _____ MIN

ACTUAL _____ HRS _____ MIN

TIME TABLE

Time	
5:00 AM	
6:00 AM	
7:00 AM	
8:00 AM	
9:00 AM	
10:00 AM	
11:00 AM	
12:00 PM	
1:00 PM	
2:00 PM	
3:00 PM	
4:00 PM	
5:00 PM	
6:00 PM	
7:00 PM	
8:00 PM	
9:00 PM	
10:00 PM	
11:00 PM	
12:00 AM	

0   **F O C U S   B A R**   100

COURSES TO STUDY

☐ _____
☐ _____
☐ _____

TOPICS | CHAPTERS

1. _____
2. _____
3. _____
4. _____
5. _____

STUDY PLAN

■ DONE   ◧ IN PROGRESS   ▷ MOVE

_____ ☐
_____ ☐
_____ ☐
_____ ☐
_____ ☐
_____ ☐
_____ ☐
_____ ☐
_____ ☐
_____ ☐
_____ ☐
_____ ☐

M T W T F S S ## STUDY *planner* DATE _____

STUDY HOURS

G O A L S _____ HRS _____ MIN

A C T U A L _____ HRS _____ MIN

TIME TABLE

5:00 AM	
6:00 AM	
7:00 AM	
8:00 AM	
9:00 AM	
10:00 AM	
11:00 AM	
12:00 PM	
1:00 PM	
2:00 PM	
3:00 PM	
4:00 PM	
5:00 PM	
6:00 PM	
7:00 PM	
8:00 PM	
9:00 PM	
10:00 PM	
11:00 PM	
12:00 AM	

0   **F O C U S   B A R**   100

COURSES TO STUDY

☐
☐
☐

TOPICS | CHAPTERS

1. _____
2. _____
3. _____
4. _____
5. _____

STUDY PLAN

■ DONE   ◪ IN PROGRESS   > MOVE

☐
☐
☐
☐
☐
☐
☐
☐
☐
☐
☐
☐
☐
☐

M T W T F S S **STUDY** *planner* DATE _____

STUDY HOURS

GOALS _____ HRS _____ MIN

ACTUAL _____ HRS _____ MIN

TIME TABLE

5:00 AM	
6:00 AM	
7:00 AM	
8:00 AM	
9:00 AM	
10:00 AM	
11:00 AM	
12:00 PM	
1:00 PM	
2:00 PM	
3:00 PM	
4:00 PM	
5:00 PM	
6:00 PM	
7:00 PM	
8:00 PM	
9:00 PM	
10:00 PM	
11:00 PM	
12:00 AM	

0   **FOCUS BAR**   100

COURSES TO STUDY

☐
☐
☐

TOPICS | CHAPTERS

1. _____
2. _____
3. _____
4. _____
5. _____

STUDY PLAN

■ DONE   ◪ IN PROGRESS   > MOVE

☐
☐
☐
☐
☐
☐
☐
☐
☐
☐
☐
☐

M T W T F S S # STUDY *planner* DATE _____

STUDY HOURS

GOALS _____ HRS _____ MIN

ACTUAL _____ HRS _____ MIN

TIME TABLE

5:00 AM	
6:00 AM	
7:00 AM	
8:00 AM	
9:00 AM	
10:00 AM	
11:00 AM	
12:00 PM	
1:00 PM	
2:00 PM	
3:00 PM	
4:00 PM	
5:00 PM	
6:00 PM	
7:00 PM	
8:00 PM	
9:00 PM	
10:00 PM	
11:00 PM	
12:00 AM	

0 **FOCUS BAR** 100

COURSES TO STUDY

_____ ☐

_____ ☐

_____ ☐

TOPICS | CHAPTERS

1. _____

2. _____

3. _____

4. _____

5. _____

STUDY PLAN

■ DONE   ◪ IN PROGRESS   > MOVE

_____ ☐

_____ ☐

_____ ☐

_____ ☐

_____ ☐

_____ ☐

_____ ☐

_____ ☐

_____ ☐

_____ ☐

_____ ☐

_____ ☐

M T W T F S S

STUDY *planner*

DATE _____

STUDY HOURS

GOALS _____ HRS _____ MIN

ACTUAL _____ HRS _____ MIN

COURSES TO STUDY

☐
☐
☐

TIME TABLE

5:00 AM	
6:00 AM	
7:00 AM	
8:00 AM	
9:00 AM	
10:00 AM	
11:00 AM	
12:00 PM	
1:00 PM	
2:00 PM	
3:00 PM	
4:00 PM	
5:00 PM	
6:00 PM	
7:00 PM	
8:00 PM	
9:00 PM	
10:00 PM	
11:00 PM	
12:00 AM	

TOPICS | CHAPTERS

1. _____
2. _____
3. _____
4. _____
5. _____

STUDY PLAN

■ DONE ◨ IN PROGRESS ▷ MOVE

☐
☐
☐
☐
☐
☐
☐
☐
☐
☐
☐
☐

0 **FOCUS BAR** 100

MTWTFSS # STUDY *planner* DATE _____

STUDY HOURS

GOALS _____ HRS _____ MIN

ACTUAL _____ HRS _____ MIN

TIME TABLE

5:00 AM	
6:00 AM	
7:00 AM	
8:00 AM	
9:00 AM	
10:00 AM	
11:00 AM	
12:00 PM	
1:00 PM	
2:00 PM	
3:00 PM	
4:00 PM	
5:00 PM	
6:00 PM	
7:00 PM	
8:00 PM	
9:00 PM	
10:00 PM	
11:00 PM	
12:00 AM	

0   FOCUS BAR   100

COURSES TO STUDY

☐
☐
☐

TOPICS | CHAPTERS

1. _____
2. _____
3. _____
4. _____
5. _____

STUDY PLAN

■ DONE   ◨ IN PROGRESS   ▷ MOVE

☐
☐
☐
☐
☐
☐
☐
☐
☐
☐
☐

M T W T F S S   # STUDY *planner*   DATE _____

STUDY HOURS

GOALS _____ HRS _____ MIN

ACTUAL _____ HRS _____ MIN

COURSES TO STUDY

☐

_____

☐

_____

_____

☐

TIME TABLE

Time	
5:00 AM	
6:00 AM	
7:00 AM	
8:00 AM	
9:00 AM	
10:00 AM	
11:00 AM	
12:00 PM	
1:00 PM	
2:00 PM	
3:00 PM	
4:00 PM	
5:00 PM	
6:00 PM	
7:00 PM	
8:00 PM	
9:00 PM	
10:00 PM	
11:00 PM	
12:00 AM	

TOPICS | CHAPTERS

1. _____

2. _____

3. _____

4. _____

5. _____

STUDY PLAN

■ DONE   ◪ IN PROGRESS   > MOVE

_____ ☐

_____ ☐

_____ ☐

_____ ☐

_____ ☐

_____ ☐

_____ ☐

_____ ☐

_____ ☐

_____ ☐

_____ ☐

_____ ☐

_____ ☐

0   **FOCUS BAR**   100

/ / / / / / / / /

M T W T F S S   **STUDY** *planner*   DATE _____

STUDY HOURS

GOALS _____ HRS _____ MIN

ACTUAL _____ HRS _____ MIN

TIME TABLE

5:00 AM	
6:00 AM	
7:00 AM	
8:00 AM	
9:00 AM	
10:00 AM	
11:00 AM	
12:00 PM	
1:00 PM	
2:00 PM	
3:00 PM	
4:00 PM	
5:00 PM	
6:00 PM	
7:00 PM	
8:00 PM	
9:00 PM	
10:00 PM	
11:00 PM	
12:00 AM	

0	**FOCUS BAR**	100

COURSES TO STUDY

_____ ☐

_____ ☐

_____ ☐

TOPICS | CHAPTERS

1. _____

2. _____

3. _____

4. _____

5. _____

STUDY PLAN

■ DONE   ◨ IN PROGRESS   > MOVE

M T W T F S S

STUDY *planner*

DATE _____

S T U D Y   H O U R S

GOALS _____ **HRS** _____ **MIN**

ACTUAL _____ **HRS** _____ **MIN**

T I M E   T A B L E

5:00 AM	
6:00 AM	
7:00 AM	
8:00 AM	
9:00 AM	
10:00 AM	
11:00 AM	
12:00 PM	
1:00 PM	
2:00 PM	
3:00 PM	
4:00 PM	
5:00 PM	
6:00 PM	
7:00 PM	
8:00 PM	
9:00 PM	
10:00 PM	
11:00 PM	
12:00 AM	

0   **F O C U S   B A R**   **100**

C O U R S E S   T O   S T U D Y

_____ ☐

_____ ☐

_____ ☐

T O P I C S | C H A P T E R S

1. _____

2. _____

3. _____

4. _____

5. _____

S T U D Y   P L A N

■ **DONE**   ◩ **IN PROGRESS**   ▷ **MOVE**

_____ ☐

_____ ☐

_____ ☐

_____ ☐

_____ ☐

_____ ☐

_____ ☐

_____ ☐

_____ ☐

_____ ☐

_____ ☐

_____ ☐

M T W T F S S   # STUDY *planner*   DATE _____

STUDY HOURS

GOALS _____ HRS _____ MIN

ACTUAL _____ HRS _____ MIN

TIME TABLE

5:00 AM	
6:00 AM	
7:00 AM	
8:00 AM	
9:00 AM	
10:00 AM	
11:00 AM	
12:00 PM	
1:00 PM	
2:00 PM	
3:00 PM	
4:00 PM	
5:00 PM	
6:00 PM	
7:00 PM	
8:00 PM	
9:00 PM	
10:00 PM	
11:00 PM	
12:00 AM	

0   **FOCUS BAR**   100

COURSES TO STUDY

- _____ ☐
- _____ ☐
- _____ ☐

TOPICS | CHAPTERS

1. _____
2. _____
3. _____
4. _____
5. _____

STUDY PLAN

■ DONE   ◨ IN PROGRESS   > MOVE

- _____ ☐
- _____ ☐
- _____ ☐
- _____ ☐
- _____ ☐
- _____ ☐
- _____ ☐
- _____ ☐
- _____ ☐
- _____ ☐
- _____ ☐
- _____ ☐

M T W T F S S # STUDY *planner* DATE _____

STUDY HOURS

GOALS _____ HRS _____ MIN

ACTUAL _____ HRS _____ MIN

TIME TABLE

Time	
5:00 AM	
6:00 AM	
7:00 AM	
8:00 AM	
9:00 AM	
10:00 AM	
11:00 AM	
12:00 PM	
1:00 PM	
2:00 PM	
3:00 PM	
4:00 PM	
5:00 PM	
6:00 PM	
7:00 PM	
8:00 PM	
9:00 PM	
10:00 PM	
11:00 PM	
12:00 AM	

0 FOCUS BAR 100

COURSES TO STUDY

☐ _____
☐ _____
☐ _____

TOPICS | CHAPTERS

1. _____
2. _____
3. _____
4. _____
5. _____

STUDY PLAN

■ DONE   ◪ IN PROGRESS   > MOVE

_____ ☐
_____ ☐
_____ ☐
_____ ☐
_____ ☐
_____ ☐
_____ ☐
_____ ☐
_____ ☐
_____ ☐
_____ ☐
_____ ☐

M T W T F S S   # STUDY *planner*   DATE _____

STUDY HOURS

G O A L S _____ **HRS** _____ **MIN**

A C T U A L _____ **HRS** _____ **MIN**

TIME TABLE

5:00 AM	
6:00 AM	
7:00 AM	
8:00 AM	
9:00 AM	
10:00 AM	
11:00 AM	
12:00 PM	
1:00 PM	
2:00 PM	
3:00 PM	
4:00 PM	
5:00 PM	
6:00 PM	
7:00 PM	
8:00 PM	
9:00 PM	
10:00 PM	
11:00 PM	
12:00 AM	

0   **F O C U S   B A R**   **100**

COURSES TO STUDY

☐ _____
☐ _____
☐ _____

TOPICS | CHAPTERS

1. _____
2. _____
3. _____
4. _____
5. _____

STUDY PLAN

■ DONE   ◨ IN PROGRESS   > MOVE

_____ ☐
_____ ☐
_____ ☐
_____ ☐
_____ ☐
_____ ☐
_____ ☐
_____ ☐
_____ ☐
_____ ☐
_____ ☐
_____ ☐
_____ ☐

M T W T F S S

STUDY *planner*

DATE _____

S T U D Y   H O U R S

G O A L S _____ HRS _____ MIN

A C T U A L _____ HRS _____ MIN

T I M E   T A B L E

5:00 AM	
6:00 AM	
7:00 AM	
8:00 AM	
9:00 AM	
10:00 AM	
11:00 AM	
12:00 PM	
1:00 PM	
2:00 PM	
3:00 PM	
4:00 PM	
5:00 PM	
6:00 PM	
7:00 PM	
8:00 PM	
9:00 PM	
10:00 PM	
11:00 PM	
12:00 AM	

0   F O C U S   B A R   100

C O U R S E S   T O   S T U D Y

_____ ☐

_____ ☐

_____ ☐

T O P I C S | C H A P T E R S

1. _____

2. _____

3. _____

4. _____

5. _____

S T U D Y   P L A N

■ DONE	◪ IN PROGRESS	> MOVE

M T W T F S S   # STUDY *planner*   DATE _____

STUDY HOURS

G O A L S _____ HRS _____ MIN

A C T U A L _____ HRS _____ MIN

TIME TABLE

5:00 AM	
6:00 AM	
7:00 AM	
8:00 AM	
9:00 AM	
10:00 AM	
11:00 AM	
12:00 PM	
1:00 PM	
2:00 PM	
3:00 PM	
4:00 PM	
5:00 PM	
6:00 PM	
7:00 PM	
8:00 PM	
9:00 PM	
10:00 PM	
11:00 PM	
12:00 AM	

0   **F O C U S   B A R**   100

COURSES TO STUDY

☐ _____
☐ _____
☐ _____

TOPICS | CHAPTERS

1. _____
2. _____
3. _____
4. _____
5. _____

STUDY PLAN

■ DONE   ◨ IN PROGRESS   > MOVE

☐ _____
☐ _____
☐ _____
☐ _____
☐ _____
☐ _____
☐ _____
☐ _____
☐ _____
☐ _____
☐ _____
☐ _____

M T W T F S S # STUDY *planner* DATE _____

S T U D Y   H O U R S

GOALS _____ HRS _____ MIN

ACTUAL _____ HRS _____ MIN

T I M E   T A B L E

5:00 AM	
6:00 AM	
7:00 AM	
8:00 AM	
9:00 AM	
10:00 AM	
11:00 AM	
12:00 PM	
1:00 PM	
2:00 PM	
3:00 PM	
4:00 PM	
5:00 PM	
6:00 PM	
7:00 PM	
8:00 PM	
9:00 PM	
10:00 PM	
11:00 PM	
12:00 AM	

0 **F O C U S   B A R** 100

C O U R S E S   T O   S T U D Y

☐
_____
☐
_____
☐
_____

T O P I C S | C H A P T E R S

1. _____
2. _____
3. _____
4. _____
5. _____

S T U D Y   P L A N

■ DONE   ◧ IN PROGRESS   > MOVE

_____ ☐
_____ ☐
_____ ☐
_____ ☐
_____ ☐
_____ ☐
_____ ☐
_____ ☐
_____ ☐
_____ ☐
_____ ☐
_____ ☐

STUDY *planner*

STUDY HOURS

GOALS _____ HRS _____ MIN

ACTUAL _____ HRS _____ MIN

TIME TABLE

Time	
5:00 AM	
6:00 AM	
7:00 AM	
8:00 AM	
9:00 AM	
10:00 AM	
11:00 AM	
12:00 PM	
1:00 PM	
2:00 PM	
3:00 PM	
4:00 PM	
5:00 PM	
6:00 PM	
7:00 PM	
8:00 PM	
9:00 PM	
10:00 PM	
11:00 PM	
12:00 AM	

0	FOCUS BAR	100

COURSES TO STUDY

_____ ☐

_____ ☐

_____ ☐

TOPICS | CHAPTERS

1. _____

2. _____

3. _____

4. _____

5. _____

STUDY PLAN

■ DONE	◨ IN PROGRESS	> MOVE

M T W T F S S

STUDY *planner*

DATE _____

S T U D Y   H O U R S

G O A L S _____ HRS _____ MIN

A C T U A L _____ HRS _____ MIN

T I M E   T A B L E

5:00 AM	
6:00 AM	
7:00 AM	
8:00 AM	
9:00 AM	
10:00 AM	
11:00 AM	
12:00 PM	
1:00 PM	
2:00 PM	
3:00 PM	
4:00 PM	
5:00 PM	
6:00 PM	
7:00 PM	
8:00 PM	
9:00 PM	
10:00 PM	
11:00 PM	
12:00 AM	

0   F O C U S   B A R   100

C O U R S E S   T O   S T U D Y

☐
☐
☐

T O P I C S | C H A P T E R S

1. _____
2. _____
3. _____
4. _____
5. _____

S T U D Y   P L A N

■ DONE   ◨ IN PROGRESS   > MOVE

STUDY *planner*

STUDY HOURS

GOALS _____ HRS _____ MIN

ACTUAL _____ HRS _____ MIN

TIME TABLE

Time	
5:00 AM	
6:00 AM	
7:00 AM	
8:00 AM	
9:00 AM	
10:00 AM	
11:00 AM	
12:00 PM	
1:00 PM	
2:00 PM	
3:00 PM	
4:00 PM	
5:00 PM	
6:00 PM	
7:00 PM	
8:00 PM	
9:00 PM	
10:00 PM	
11:00 PM	
12:00 AM	

FOCUS BAR
0 _____ 100

COURSES TO STUDY

- [ ] _____
- [ ] _____
- [ ] _____

TOPICS | CHAPTERS

1. _____
2. _____
3. _____
4. _____
5. _____

STUDY PLAN

■ DONE   ◩ IN PROGRESS   ▷ MOVE

- [ ] _____
- [ ] _____
- [ ] _____
- [ ] _____
- [ ] _____
- [ ] _____
- [ ] _____
- [ ] _____
- [ ] _____
- [ ] _____
- [ ] _____
- [ ] _____

M T W T F S S   # STUDY *planner*   DATE _____

STUDY HOURS

GOALS _____ HRS _____ MIN

ACTUAL _____ HRS _____ MIN

TIME TABLE

Time	
5:00 AM	
6:00 AM	
7:00 AM	
8:00 AM	
9:00 AM	
10:00 AM	
11:00 AM	
12:00 PM	
1:00 PM	
2:00 PM	
3:00 PM	
4:00 PM	
5:00 PM	
6:00 PM	
7:00 PM	
8:00 PM	
9:00 PM	
10:00 PM	
11:00 PM	
12:00 AM	

COURSES TO STUDY

☐ _____

☐ _____

☐ _____

TOPICS | CHAPTERS

1. _____
2. _____
3. _____
4. _____
5. _____

STUDY PLAN

| ■ DONE | ◩ IN PROGRESS | > MOVE |

_____ ☐

_____ ☐

_____ ☐

_____ ☐

_____ ☐

_____ ☐

_____ ☐

_____ ☐

_____ ☐

_____ ☐

_____ ☐

_____ ☐

_____ ☐

FOCUS BAR

0   **F O C U S   B A R**   100

M T W T F S S   # STUDY *planner*   DATE _____

S T U D Y   H O U R S

G O A L S _____ HRS _____ MIN

A C T U A L _____ HRS _____ MIN

T I M E   T A B L E

Time	
5:00 AM	
6:00 AM	
7:00 AM	
8:00 AM	
9:00 AM	
10:00 AM	
11:00 AM	
12:00 PM	
1:00 PM	
2:00 PM	
3:00 PM	
4:00 PM	
5:00 PM	
6:00 PM	
7:00 PM	
8:00 PM	
9:00 PM	
10:00 PM	
11:00 PM	
12:00 AM	

0   **F O C U S   B A R**   100

C O U R S E S   T O   S T U D Y

☐
☐
☐

T O P I C S | C H A P T E R S

1. _____
2. _____
3. _____
4. _____
5. _____

S T U D Y   P L A N

■ DONE   ◪ IN PROGRESS   > MOVE

☐
☐
☐
☐
☐
☐
☐
☐
☐
☐
☐
☐

M T W T F S S
STUDY *planner*
DATE _____

S T U D Y   H O U R S

G O A L S _____ HRS _____ MIN

A C T U A L _____ HRS _____ MIN

T I M E   T A B L E

Time	
5:00 AM	
6:00 AM	
7:00 AM	
8:00 AM	
9:00 AM	
10:00 AM	
11:00 AM	
12:00 PM	
1:00 PM	
2:00 PM	
3:00 PM	
4:00 PM	
5:00 PM	
6:00 PM	
7:00 PM	
8:00 PM	
9:00 PM	
10:00 PM	
11:00 PM	
12:00 AM	

0	**F O C U S B A R**	100

C O U R S E S   T O   S T U D Y

_____ ☐

_____ ☐

_____ ☐

T O P I C S | C H A P T E R S

1. _____

2. _____

3. _____

4. _____

5. _____

S T U D Y   P L A N

■ DONE	◨ IN PROGRESS	> MOVE

M T W T F S S   # STUDY *planner*   DATE _____

STUDY HOURS

GOALS_____HRS _____MIN

ACTUAL_____HRS _____MIN

COURSES TO STUDY

_____ ☐

_____ ☐

_____ ☐

TIME TABLE

5:00 AM	
6:00 AM	
7:00 AM	
8:00 AM	
9:00 AM	
10:00 AM	
11:00 AM	
12:00 PM	
1:00 PM	
2:00 PM	
3:00 PM	
4:00 PM	
5:00 PM	
6:00 PM	
7:00 PM	
8:00 PM	
9:00 PM	
10:00 PM	
11:00 PM	
12:00 AM	

TOPICS | CHAPTERS

1. _____

2. _____

3. _____

4. _____

5. _____

STUDY PLAN

■ DONE   ◪ IN PROGRESS   > MOVE

_____ ☐

_____ ☐

_____ ☐

_____ ☐

_____ ☐

_____ ☐

_____ ☐

_____ ☐

_____ ☐

_____ ☐

_____ ☐

0   **FOCUS BAR**   100

M T W T F S S

STUDY *planner*

DATE _____

STUDY HOURS

GOALS _____ HRS _____ MIN

ACTUAL _____ HRS _____ MIN

TIME TABLE

Time	
5:00 AM	
6:00 AM	
7:00 AM	
8:00 AM	
9:00 AM	
10:00 AM	
11:00 AM	
12:00 PM	
1:00 PM	
2:00 PM	
3:00 PM	
4:00 PM	
5:00 PM	
6:00 PM	
7:00 PM	
8:00 PM	
9:00 PM	
10:00 PM	
11:00 PM	
12:00 AM	

0   **FOCUS BAR**   100

COURSES TO STUDY

☐
_____
☐
_____
☐
_____

TOPICS | CHAPTERS

1. _____
2. _____
3. _____
4. _____
5. _____

STUDY PLAN

■ DONE   ◨ IN PROGRESS   > MOVE

_____ ☐
_____ ☐
_____ ☐
_____ ☐
_____ ☐
_____ ☐
_____ ☐
_____ ☐
_____ ☐
_____ ☐
_____ ☐
_____ ☐

M T W T F S S   # STUDY *planner*   DATE _____

STUDY HOURS

GOALS _____ HRS _____ MIN

ACTUAL _____ HRS _____ MIN

TIME TABLE

5:00 AM	
6:00 AM	
7:00 AM	
8:00 AM	
9:00 AM	
10:00 AM	
11:00 AM	
12:00 PM	
1:00 PM	
2:00 PM	
3:00 PM	
4:00 PM	
5:00 PM	
6:00 PM	
7:00 PM	
8:00 PM	
9:00 PM	
10:00 PM	
11:00 PM	
12:00 AM	

0   FOCUS BAR   100

COURSES TO STUDY

☐ _____

☐ _____

☐ _____

TOPICS | CHAPTERS

1. _____

2. _____

3. _____

4. _____

5. _____

STUDY PLAN

■ DONE   ◩ IN PROGRESS   > MOVE

☐ _____

☐ _____

☐ _____

☐ _____

☐ _____

☐ _____

☐ _____

☐ _____

☐ _____

☐ _____

☐ _____

☐ _____

M T W T F S S

STUDY *planner*

DATE _____

S T U D Y   H O U R S

G O A L S _____ HRS _____ MIN

A C T U A L _____ HRS _____ MIN

T I M E   T A B L E

5:00 AM	
6:00 AM	
7:00 AM	
8:00 AM	
9:00 AM	
10:00 AM	
11:00 AM	
12:00 PM	
1:00 PM	
2:00 PM	
3:00 PM	
4:00 PM	
5:00 PM	
6:00 PM	
7:00 PM	
8:00 PM	
9:00 PM	
10:00 PM	
11:00 PM	
12:00 AM	

0   **F O C U S   B A R**   100

C O U R S E S   T O   S T U D Y

☐
☐
☐

T O P I C S | C H A P T E R S

1. _____
2. _____
3. _____
4. _____
5. _____

S T U D Y   P L A N

■ DONE	◪ IN PROGRESS	> MOVE

M T W T F S S   # STUDY *planner*   DATE _____

STUDY HOURS

GOALS _____ HRS _____ MIN

ACTUAL _____ HRS _____ MIN

―――――――――――――――

TIME TABLE

5:00 AM	
6:00 AM	
7:00 AM	
8:00 AM	
9:00 AM	
10:00 AM	
11:00 AM	
12:00 PM	
1:00 PM	
2:00 PM	
3:00 PM	
4:00 PM	
5:00 PM	
6:00 PM	
7:00 PM	
8:00 PM	
9:00 PM	
10:00 PM	
11:00 PM	
12:00 AM	

0   **F O C U S   B A R**   100

COURSES TO STUDY

_____ ☐

_____ ☐

_____ ☐

TOPICS | CHAPTERS

1. _____

2. _____

3. _____

4. _____

5. _____

―――――――――――――――

STUDY PLAN

■ DONE	◪ IN PROGRESS	▷ MOVE

_____ ☐

_____ ☐

_____ ☐

_____ ☐

_____ ☐

_____ ☐

_____ ☐

_____ ☐

_____ ☐

_____ ☐

_____ ☐

_____ ☐

M T W T F S S   # STUDY *planner*   DATE _____

STUDY HOURS

GOALS _____ HRS _____ MIN

ACTUAL _____ HRS _____ MIN

TIME TABLE

Time	
5:00 AM	
6:00 AM	
7:00 AM	
8:00 AM	
9:00 AM	
10:00 AM	
11:00 AM	
12:00 PM	
1:00 PM	
2:00 PM	
3:00 PM	
4:00 PM	
5:00 PM	
6:00 PM	
7:00 PM	
8:00 PM	
9:00 PM	
10:00 PM	
11:00 PM	
12:00 AM	

0   **FOCUS BAR**   100

COURSES TO STUDY

_____ ☐

_____ ☐

_____ ☐

TOPICS | CHAPTERS

1. _____

2. _____

3. _____

4. _____

5. _____

STUDY PLAN

■ DONE	◩ IN PROGRESS	> MOVE

_____ ☐

_____ ☐

_____ ☐

_____ ☐

_____ ☐

_____ ☐

_____ ☐

_____ ☐

_____ ☐

_____ ☐

_____ ☐

_____ ☐

M T W T F S S   # STUDY *planner*   DATE _____

STUDY HOURS

GOALS _____ HRS _____ MIN

ACTUAL _____ HRS _____ MIN

TIME TABLE

Time	
5:00 AM	
6:00 AM	
7:00 AM	
8:00 AM	
9:00 AM	
10:00 AM	
11:00 AM	
12:00 PM	
1:00 PM	
2:00 PM	
3:00 PM	
4:00 PM	
5:00 PM	
6:00 PM	
7:00 PM	
8:00 PM	
9:00 PM	
10:00 PM	
11:00 PM	
12:00 AM	

0   **F O C U S   B A R**   100

COURSES TO STUDY

☐

☐

☐

TOPICS | CHAPTERS

1. _____

2. _____

3. _____

4. _____

5. _____

STUDY PLAN

■ DONE   ◪ IN PROGRESS   > MOVE

☐

☐

☐

☐

☐

☐

☐

☐

☐

☐

☐

M T W T F S S   # STUDY *planner*   DATE _____

STUDY HOURS

GOALS _____ HRS _____ MIN

ACTUAL _____ HRS _____ MIN

TIME TABLE

Time	
5:00 AM	
6:00 AM	
7:00 AM	
8:00 AM	
9:00 AM	
10:00 AM	
11:00 AM	
12:00 PM	
1:00 PM	
2:00 PM	
3:00 PM	
4:00 PM	
5:00 PM	
6:00 PM	
7:00 PM	
8:00 PM	
9:00 PM	
10:00 PM	
11:00 PM	
12:00 AM	

0 F O C U S   B A R 100

COURSES TO STUDY

☐ _____
☐ _____
☐ _____

TOPICS | CHAPTERS

1. _____
2. _____
3. _____
4. _____
5. _____

STUDY PLAN

■ DONE   ◪ IN PROGRESS   > MOVE

_____ ☐
_____ ☐
_____ ☐
_____ ☐
_____ ☐
_____ ☐
_____ ☐
_____ ☐
_____ ☐
_____ ☐
_____ ☐
_____ ☐
_____ ☐

STUDY *planner*

STUDY HOURS

GOALS _____ HRS _____ MIN

ACTUAL _____ HRS _____ MIN

TIME TABLE

5:00 AM	
6:00 AM	
7:00 AM	
8:00 AM	
9:00 AM	
10:00 AM	
11:00 AM	
12:00 PM	
1:00 PM	
2:00 PM	
3:00 PM	
4:00 PM	
5:00 PM	
6:00 PM	
7:00 PM	
8:00 PM	
9:00 PM	
10:00 PM	
11:00 PM	
12:00 AM	

0   FOCUS BAR   100

COURSES TO STUDY

☐
☐
☐

TOPICS | CHAPTERS

1. _____
2. _____
3. _____
4. _____
5. _____

STUDY PLAN

■ DONE   ◪ IN PROGRESS   ▷ MOVE

M T W T F S S

STUDY *planner*

DATE _____

STUDY HOURS

GOALS _____ HRS _____ MIN

ACTUAL _____ HRS _____ MIN

TIME TABLE

5:00 AM	
6:00 AM	
7:00 AM	
8:00 AM	
9:00 AM	
10:00 AM	
11:00 AM	
12:00 PM	
1:00 PM	
2:00 PM	
3:00 PM	
4:00 PM	
5:00 PM	
6:00 PM	
7:00 PM	
8:00 PM	
9:00 PM	
10:00 PM	
11:00 PM	
12:00 AM	

0   **FOCUS BAR**   100

COURSES TO STUDY

☐ _____
☐ _____
☐ _____

TOPICS | CHAPTERS

1. _____
2. _____
3. _____
4. _____
5. _____

STUDY PLAN

■ DONE	◪ IN PROGRESS	> MOVE

☐ _____
☐ _____
☐ _____
☐ _____
☐ _____
☐ _____
☐ _____
☐ _____
☐ _____
☐ _____
☐ _____
☐ _____

M T W T F S S   **STUDY** *planner*   DATE _____

STUDY HOURS

GOALS _____ HRS _____ MIN

ACTUAL _____ HRS _____ MIN

TIME TABLE

5:00 AM	
6:00 AM	
7:00 AM	
8:00 AM	
9:00 AM	
10:00 AM	
11:00 AM	
12:00 PM	
1:00 PM	
2:00 PM	
3:00 PM	
4:00 PM	
5:00 PM	
6:00 PM	
7:00 PM	
8:00 PM	
9:00 PM	
10:00 PM	
11:00 PM	
12:00 AM	

0   **F O C U S   B A R**   100

COURSES TO STUDY

_____ ☐

_____ ☐

_____ ☐

TOPICS | CHAPTERS

1. _____

2. _____

3. _____

4. _____

5. _____

STUDY PLAN

■ DONE   ◩ IN PROGRESS   > MOVE

M T W T F S S   # STUDY *planner*   DATE _____

STUDY HOURS

GOALS _____ HRS _____ MIN

ACTUAL _____ HRS _____ MIN

_____

TIME TABLE

5:00 AM	
6:00 AM	
7:00 AM	
8:00 AM	
9:00 AM	
10:00 AM	
11:00 AM	
12:00 PM	
1:00 PM	
2:00 PM	
3:00 PM	
4:00 PM	
5:00 PM	
6:00 PM	
7:00 PM	
8:00 PM	
9:00 PM	
10:00 PM	
11:00 PM	
12:00 AM	

0   **FOCUS BAR**   100

COURSES TO STUDY

☐ _____

☐ _____

☐ _____

TOPICS | CHAPTERS

1. _____

2. _____

3. _____

4. _____

5. _____

_____

STUDY PLAN

■ DONE	◪ IN PROGRESS	▷ MOVE

STUDY *planner*

STUDY HOURS

GOALS _____ **HRS** _____ **MIN**

ACTUAL _____ **HRS** _____ **MIN**

TIME TABLE

5:00 AM	
6:00 AM	
7:00 AM	
8:00 AM	
9:00 AM	
10:00 AM	
11:00 AM	
12:00 PM	
1:00 PM	
2:00 PM	
3:00 PM	
4:00 PM	
5:00 PM	
6:00 PM	
7:00 PM	
8:00 PM	
9:00 PM	
10:00 PM	
11:00 PM	
12:00 AM	

0 **FOCUS BAR** **100**

COURSES TO STUDY

☐ _____
☐ _____
☐ _____

TOPICS | CHAPTERS

1. _____
2. _____
3. _____
4. _____
5. _____

STUDY PLAN

■ DONE ◪ IN PROGRESS ▷ MOVE

_____ ☐
_____ ☐
_____ ☐
_____ ☐
_____ ☐
_____ ☐
_____ ☐
_____ ☐
_____ ☐
_____ ☐
_____ ☐

M T W T F S S

STUDY *planner*

DATE _____

STUDY HOURS

GOALS _____ HRS _____ MIN

ACTUAL _____ HRS _____ MIN

TIME TABLE

5:00 AM	
6:00 AM	
7:00 AM	
8:00 AM	
9:00 AM	
10:00 AM	
11:00 AM	
12:00 PM	
1:00 PM	
2:00 PM	
3:00 PM	
4:00 PM	
5:00 PM	
6:00 PM	
7:00 PM	
8:00 PM	
9:00 PM	
10:00 PM	
11:00 PM	
12:00 AM	

COURSES TO STUDY

☐
☐
☐

TOPICS | CHAPTERS

1. _____
2. _____
3. _____
4. _____
5. _____

STUDY PLAN

■ DONE	◨ IN PROGRESS	> MOVE

☐
☐
☐
☐
☐
☐
☐
☐
☐
☐
☐
☐

0   **F O C U S   B A R**   100

STUDY *planner*

STUDY HOURS

GOALS _____ HRS _____ MIN

ACTUAL _____ HRS _____ MIN

TIME TABLE

5:00 AM	
6:00 AM	
7:00 AM	
8:00 AM	
9:00 AM	
10:00 AM	
11:00 AM	
12:00 PM	
1:00 PM	
2:00 PM	
3:00 PM	
4:00 PM	
5:00 PM	
6:00 PM	
7:00 PM	
8:00 PM	
9:00 PM	
10:00 PM	
11:00 PM	
12:00 AM	

0	FOCUS BAR	100

COURSES TO STUDY

☐
☐
☐

TOPICS | CHAPTERS

1. _____
2. _____
3. _____
4. _____
5. _____

STUDY PLAN

■ DONE   ◩ IN PROGRESS   > MOVE

M T W T F S S

STUDY *planner*

DATE _____

S T U D Y   H O U R S

G O A L S _____ HRS _____ MIN

A C T U A L _____ HRS _____ MIN

T I M E   T A B L E

5:00 AM	
6:00 AM	
7:00 AM	
8:00 AM	
9:00 AM	
10:00 AM	
11:00 AM	
12:00 PM	
1:00 PM	
2:00 PM	
3:00 PM	
4:00 PM	
5:00 PM	
6:00 PM	
7:00 PM	
8:00 PM	
9:00 PM	
10:00 PM	
11:00 PM	
12:00 AM	

0   F O C U S   B A R   100

C O U R S E S   T O   S T U D Y

_____ ☐

_____ ☐

_____ ☐

T O P I C S | C H A P T E R S

1. _____

2. _____

3. _____

4. _____

5. _____

S T U D Y   P L A N

■ DONE	◪ IN PROGRESS	> MOVE

_____ ☐
_____ ☐
_____ ☐
_____ ☐
_____ ☐
_____ ☐
_____ ☐
_____ ☐
_____ ☐
_____ ☐
_____ ☐
_____ ☐

M T W T F S S

STUDY *planner*

STUDY HOURS

GOALS _____ HRS _____ MIN

ACTUAL _____ HRS _____ MIN

TIME TABLE

5:00 AM	
6:00 AM	
7:00 AM	
8:00 AM	
9:00 AM	
10:00 AM	
11:00 AM	
12:00 PM	
1:00 PM	
2:00 PM	
3:00 PM	
4:00 PM	
5:00 PM	
6:00 PM	
7:00 PM	
8:00 PM	
9:00 PM	
10:00 PM	
11:00 PM	
12:00 AM	

0   FOCUS BAR   100

COURSES TO STUDY

_____ ☐
_____ ☐
_____ ☐

TOPICS | CHAPTERS

1. _____
2. _____
3. _____
4. _____
5. _____

STUDY PLAN

■ DONE   ◨ IN PROGRESS   ▷ MOVE

M T W T F S S   # **STUDY** *planner*   DATE _____

STUDY HOURS

GOALS _____ HRS _____ MIN

ACTUAL _____ HRS _____ MIN

_____

TIME TABLE

5:00 AM	
6:00 AM	
7:00 AM	
8:00 AM	
9:00 AM	
10:00 AM	
11:00 AM	
12:00 PM	
1:00 PM	
2:00 PM	
3:00 PM	
4:00 PM	
5:00 PM	
6:00 PM	
7:00 PM	
8:00 PM	
9:00 PM	
10:00 PM	
11:00 PM	
12:00 AM	

0	**FOCUS BAR**	100

COURSES TO STUDY

_____ ☐

_____ ☐

_____ ☐

TOPICS | CHAPTERS

1. _____

2. _____

3. _____

4. _____

5. _____

STUDY PLAN

■ DONE	◩ IN PROGRESS	> MOVE

_____ ☐

_____ ☐

_____ ☐

_____ ☐

_____ ☐

_____ ☐

_____ ☐

_____ ☐

_____ ☐

_____ ☐

_____ ☐

_____ ☐

M T W T F S S

STUDY *planner*

STUDY HOURS

GOALS _____ HRS _____ MIN

ACTUAL _____ HRS _____ MIN

TIME TABLE

5:00 AM	
6:00 AM	
7:00 AM	
8:00 AM	
9:00 AM	
10:00 AM	
11:00 AM	
12:00 PM	
1:00 PM	
2:00 PM	
3:00 PM	
4:00 PM	
5:00 PM	
6:00 PM	
7:00 PM	
8:00 PM	
9:00 PM	
10:00 PM	
11:00 PM	
12:00 AM	

0   FOCUS BAR   100

COURSES TO STUDY

_____ ☐

_____ ☐

_____ ☐

TOPICS | CHAPTERS

1. _____

2. _____

3. _____

4. _____

5. _____

STUDY PLAN

■ DONE   ◪ IN PROGRESS   > MOVE

M T W T F S S

STUDY *planner*

DATE _____

S T U D Y   H O U R S

GOALS _____ HRS _____ MIN

ACTUAL _____ HRS _____ MIN

T I M E   T A B L E

5:00 AM	
6:00 AM	
7:00 AM	
8:00 AM	
9:00 AM	
10:00 AM	
11:00 AM	
12:00 PM	
1:00 PM	
2:00 PM	
3:00 PM	
4:00 PM	
5:00 PM	
6:00 PM	
7:00 PM	
8:00 PM	
9:00 PM	
10:00 PM	
11:00 PM	
12:00 AM	

0   **F O C U S   B A R**   100

C O U R S E S   T O   S T U D Y

T O P I C S | C H A P T E R S

1. _____
2. _____
3. _____
4. _____
5. _____

S T U D Y   P L A N

■ DONE   ◪ IN PROGRESS   > MOVE

M T W T F S S

STUDY *planner*

STUDY HOURS

GOALS _____ HRS _____ MIN

ACTUAL _____ HRS _____ MIN

TIME TABLE

5:00 AM	
6:00 AM	
7:00 AM	
8:00 AM	
9:00 AM	
10:00 AM	
11:00 AM	
12:00 PM	
1:00 PM	
2:00 PM	
3:00 PM	
4:00 PM	
5:00 PM	
6:00 PM	
7:00 PM	
8:00 PM	
9:00 PM	
10:00 PM	
11:00 PM	
12:00 AM	

0   **FOCUS BAR**   100

COURSES TO STUDY

☐
☐
☐

TOPICS | CHAPTERS

1. _____
2. _____
3. _____
4. _____
5. _____

STUDY PLAN

■ DONE   ◪ IN PROGRESS   > MOVE

M T W T F S S   # STUDY *planner*   DATE _____

STUDY HOURS

GOALS _____ HRS _____ MIN

ACTUAL _____ HRS _____ MIN

TIME TABLE

Time	
5:00 AM	
6:00 AM	
7:00 AM	
8:00 AM	
9:00 AM	
10:00 AM	
11:00 AM	
12:00 PM	
1:00 PM	
2:00 PM	
3:00 PM	
4:00 PM	
5:00 PM	
6:00 PM	
7:00 PM	
8:00 PM	
9:00 PM	
10:00 PM	
11:00 PM	
12:00 AM	

0   F O C U S   B A R   **100**

COURSES TO STUDY

- [ ] _____
- [ ] _____
- [ ] _____

TOPICS | CHAPTERS

1. _____
2. _____
3. _____
4. _____
5. _____

STUDY PLAN

■ DONE   ◩ IN PROGRESS   > MOVE

- [ ] _____
- [ ] _____
- [ ] _____
- [ ] _____
- [ ] _____
- [ ] _____
- [ ] _____
- [ ] _____
- [ ] _____
- [ ] _____
- [ ] _____

CPSIA information can be obtained
at www.ICGtesting.com
Printed in the USA
LVHW011051210221
679512LV00002B/492